Para _____

De _____

....

....

....

Más recursos de oración disponibles en:
www.PrayersForOurLives.org

OTROS LIBROS DE MEL LAWRENZ

Cómo entender la Biblia (WordWay, 2014)

Vida después del duelo (WordWay, 2015)

Influencia Espiritual: El poder secreto detrás del liderazgo (Zondervan, 2012)

Overcoming Guilt and Shame (WordWay, 2015)

I Want to Believe: Finding Your Way in An Age of Many Faiths (Regal, 2007)

Whole Church: Leading from Fragmentation to Engagement (Jossey-Bass/Leadership Network, 2009)

Patterns: Ways to Develop a God-Filled Life (Zondervan, 2003)

Putting the Pieces Back Together: How Real Life and Real Faith Connect (Zondervan, 2005)

Para conocer y adquirir más recursos:

www.WordWay.org

www.TheBrookNetwork.org

Facebook: thebrooknetwork

Twitter: brooknetwork

Oraciones por nuestra vida

95 conexiones con Dios
en las circunstancias de cada día

MEL LAWRENZ

WORDWAY
WWW.WORDWAY.ORG

Mel escribe con una sinceridad encantadora; cada oración es como un clamor del corazón. En sus palabras se reúnen la simplicidad de los niños y la sabiduría de las personas con experiencia, todo expresado de una manera tan íntima que el hálito de vida pareciera llenar cada palabra. Auténticas líneas de conexión con Dios.

—Mark Buchanan, autor, pastor y profesor

Mel es un analista perspicaz del desarrollo y la vida de la iglesia en la actualidad. Más importante aun: es alguien que pone en práctica aquello sobre lo que enseña y escribe.

—John Ortberg, autor y pastor

Conozco a Mel Lawrenz desde hace más de treinta años y puedo dar fe de su capacidad como seminarista, pasante, colega y oportunamente mi sucesor como pastor principal de la Iglesia Elmbrook. Destaco su mente aguda, su respeto por la historia, su curiosidad con miras al futuro, sus innegables dotes comunicacionales y su trayectoria de vida como alguien que experimenta activamente el ministerio dentro de la iglesia.

—Stuart Briscoe, autor y pastor

La visión de Mel Lawrenz de una iglesia local que refleje la integridad y la belleza de Dios al tiempo que se compromete con el Señor y la comunidad constituye un llamado urgente a regresar al plan original de Dios: un plan que a menudo ha quedado relegado a expensas de la especialización, el iglecrecimiento y la conveniencia.

—Larry Osborne, autor y pastor

CONTENIDOS

Cómo utilizar este libro de oraciones

No sé tú, pero en ocasiones realmente necesito ayuda al disponerme a orar. Sé cómo hacerlo. Sé que puedo hablarle a Dios en todo momento y en todo lugar. Pero a veces también me beneficio de oraciones que han sido escritas por otros.

Todos lo hacemos, por supuesto, al leer el libro de los Salmos o las muchas oraciones que aparecen en el Nuevo Testamento. Lo hacemos al expresar el Padrenuestro. Lo hacemos al escuchar a otra persona guiarnos en la oración comunitaria.

De todos los escritos que he realizado, uno de los más satisfactorios ha sido escribir oraciones que puedan beneficiar a otros. Me encanta cuando una congregación une su voz en oración y me alegra cuando puedo escribir un artículo que ofrezca una línea de comunicación con Dios que alguien pudiera necesitar.

Este libro de 95 oraciones tiene nueve partes:

- Oraciones cotidianas;
- Oraciones en las dificultades;
- Oraciones para épocas de estrés;
- Oraciones para tiempos de gozo;
- Oraciones para adorar a Dios;

- Oraciones por la comunidad, la nación y el mundo;
- Oraciones durante festividades;
- Oraciones de la Escritura;
- Oraciones de una frase.

Puede que desees memorizar algunas de las oraciones de una frase que aparecen en la última parte a fin de usarlas a lo largo del día.

Espero que encuentres en estas «líneas de contacto con Dios» algunos parámetros para hablar con el Señor que te resulten de utilidad. Quizá sean de ayuda para orar así como aparecen o como patrones para modelar tus propias conversaciones con Dios. Puede que quieras adaptar las oraciones o escribir tus propias palabras en los márgenes. Si eres líder en tu iglesia, algunas de las oraciones pueden ser útiles para la adoración congregacional o para ciertos tipos de reuniones. Hay otras herramientas disponibles en www.PrayersForOurLives.org.

Por supuesto, nada de esto importaría si el Señor y Creador del universo no estuviera interesado en oír de nosotros. Pero él sí lo está. Lo honramos cuando le hablamos. Y nuestra conversación con Dios nos transforma.

—Mel Lawrenz

«Oren sin cesar» (1 Tesalonicenses 5.17)

—Parte 1—

ORACIONES COTIDIANAS

Una oración matinal (A)

Querido Señor:

Al comenzar este día confieso que te necesito a cada momento. Hoy anhelo conocerte con mayor profundidad. Ayúdame en lo que diga a otras personas. Dame la sabiduría para cada decisión que deba tomar. Haz que el amor y la verdad sean los motivos detrás de todo lo que haga. Y cuando no tenga fuerzas, ayúdame a no abandonar sino a encontrar una medida adicional de tu fortaleza. Este día es tu creación y tu don. Consagro mi cuerpo y mi espíritu para tus buenos propósitos.

En el nombre de Jesús, Amén.

Una oración matinal (B)

«Por eso les digo: No se preocupen por su vida, qué comerán o beberán; ni por su cuerpo, cómo se vestirán. ¿No tiene la vida más valor que la comida, y el cuerpo más que la ropa? [...] Por lo tanto, no se angustien por el mañana, el cual tendrá sus propios afanes. Cada día tiene ya sus problemas».

Mateo 6.25,34

Querido Señor:

Al comenzar este día reconozco que estoy lleno de preocupación e inquietud. La vida ha sido difícil últimamente. Y esto causa que me preocupe sobre lo que podría ocurrir hoy.

Ayúdame a reposar en el hecho de que no todo lo que podría salir mal hoy, saldrá mal. Ayúdame a no obsesionarme con respecto a las dificultades que ni siquiera han ocurrido aún.

Ayúdame a no tener preocupación excesiva sobre cosas pequeñas que no tienen importancia a la luz de la eternidad.

Y ayúdame, por sobre todo, a vivir en las riquezas de tu amor.

Amén.

Una oración matinal (C)

Todopoderoso Dios:

Gracias por el comienzo de un nuevo día. Me gozo en que, por tu gracia, puedo comenzar de nuevo.

El día de ayer finalizó. Mañana aún está por venir. Pero este día, hoy, es algo real en este momento. Sé que tal vez enfrentaré dificultades, pero también sé que hay soluciones de las que aún no soy consciente.

Ayúdame a caminar por fe y agradarte con mis pensamientos, palabras y acciones.

Nos has mostrado, amado Señor, lo que es bueno y lo que exiges. Practicar la justicia, amar la misericordia, y humillarnos[1] ante ti.

Con tu ayuda, ese podría ser mi enfoque en este día.

En el nombre de Cristo. Amén.

Una oración vespertina (A)

Querido Señor:

Al concluir este día me alegra ser capaz de reposar en ti. Creo que estás conmigo y oyes mi oración. Que las cosas buenas que ocurrieron hoy se arraiguen profundamente en la memoria de mi corazón y me modelen como una persona mejor. Ayúdame a aprender de mis errores y pecados. Gracias por la promesa de experimentar un nuevo comienzo al despertar en la mañana. Ahora permite que descanse solamente en ti, de modo que cuerpo, mente, corazón y alma se despierten renovados en la bondad de tu cuidado.

En el nombre de Jesús, Amén.

---

1 Ver Miqueas 6.8

Una oración vespertina (B)

Querido Señor:

Pienso en las cosas buenas y los desafíos que ocurrieron hoy. Siempre hay tanto en la vida que está fuera de mi control y no siempre tomo las mejores decisiones con aquello que está bajo mi control.

Por eso, de nuevo, me alegro de que me permitas vivir en un flujo continuo de tu misericordia. Estaría completamente perdido sin ti.

Ahora necesito descansar. Por eso, consagro mente, cuerpo y espíritu a ti. Descanso en ti.

En el nombre de Jesús. Amén.

Una oración vespertina (C)

El día ha concluido, querido Señor.

Consagro mi cuerpo a tu sanidad.

Consagro mi mente a tu instrucción.

Consagro mi corazón a tu llenura.

Consagro mi familia a tu cuidado.

Te entrego mis ansiedades y temores, mis parcialidades y prejuicios, mis esperanzas y aspiraciones.

Descanso en ti, Señor Dios Todopoderoso. Amén.

Una oración para comenzar la jornada laboral

Señor, *me dispongo a salir hacia mi trabajo.*

Pareciera como si solo una hora atrás me despertaba y me preparaba para realizar mi trabajo. Un día pareciera dar paso al siguiente. Por eso te pido que hoy me muestres algo nuevo, me enseñes algo nuevo y me permitas hacer algo nuevo que sea constructivo, que ayude a otra persona y te glorifique.

Señor, *voy a sudar ahora.*

La vida actual no se parece al jardín del Edén, pero sé que en el campo de este mundo[2] puedo honrarte con mi trabajo. Hoy enfrentaré desafíos y tal vez algunas frustraciones. Ayúdame a saber cómo responder a las actitudes o influencias malas que pudiera llegar a encontrar. Permíteme distinguir cómo ser una influencia positiva en donde trabajo. Santifica mi propia actitud, elévame por encima de mi naturaleza caída, dame fuerzas para sostener valores de rectitud y ayúdame a perseverar, en especial cuando el trabajo es arduo.

---

2 Ver Génesis 3.17-19

Señor, *voy a servir ahora.* Gracias por darme hoy la oportunidad de ser una bendición para otras personas en el trabajo que realizo. Has creado este mundo y a todos y todo lo que hay en él. Ayúdame a ver cómo puedo ofrecer tu luz y tu vida a otra persona hoy. Concédeme sabiduría para tomar buenas decisiones a lo largo del día. Impúlsame a ser compasivo con los desempleados y subempleados. Quiero conducirme de acuerdo al carácter de Jesús. Y haga lo que hiciera, quiero realizarlo en su nombre y por amor a él.

Amén.

«Y todo lo que hagan, de palabra o de obra, háganlo en el nombre del Señor Jesús, dando gracias a Dios el Padre por medio de él».

Colosenses 3.17

Cuando necesitamos dirección

Querido Dios:

Necesito con desesperación tu guía en este tiempo. Tengo decisiones importantes por delante y podrían afectar a otras personas y el curso de mi vida.

Concédeme fe en medio de estas decisiones para lograr ver el cuadro general, incluyendo tus deseos.

Concédeme valor porque no quiero buscar solo las respuestas fáciles.

Concédeme la sabiduría del cielo que «es ante todo pura, y además pacífica, bondadosa, dócil, llena de compasión y de buenos frutos, imparcial y sincera».[3]

Por favor ayúdame a encontrar la gente adecuada cuyo consejo pueda ser de utilidad.

Así como David «consultó al Señor» una y otra vez, ahora hago mi consulta, querido Dios. Protégeme de mi propia subjetividad. Ayúdame a desarrollar una convicción en mi corazón que sea coherente con tu voluntad y tus caminos. Guíame, te pido.

En nombre de Cristo. Amén.

---

3 Santiago 3.17

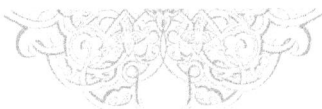

Durante la comida (A)

Señor Jesús, nos enseñaste a orar «danos hoy nuestro pan cotidiano», y por eso ahora te agradecemos al sentarnos para recibir las bendiciones de esta mesa. Tú haces las semillas y los granos, las frutas y los vegetales, el pescado y la carne. Te agradecemos por el alimento que nutre nuestro cuerpo y también que tú, el «el pan que bajó del cielo», nutres también nuestra alma.

Amén.

Durante la comida (B)

Bendícenos, oh Señor, al compartir tus dones de alimento y bebida que recibimos de tu amor abundante.

Por medio de Cristo nuestro Señor, Amén.

Durante la comida (C)

Por el alimento que ahora recibimos, Señor, te damos gracias.

Por la compañía que compartimos en torno a esta mesa, Señor, te agradecemos.

Por tu presencia en este momento, Señor Dios del cielo, te rendimos gratitud.

Amén.

Antes y después de leer la Escritura

Abre mis ojos, bondadoso Señor, al dirigirlos a tu Palabra. Anhelo conocerte, entender la vida y ser transformado. Examíname, Señor, con la lámpara de tu verdad.
Amén.

Que la Palabra que he leído, Señor, se implante profundamente en mi mente y mi corazón. Ayúdame a no salir y olvidarla,[4] sino meditar en ella y obedecerla, de modo que pueda edificar mi vida sobre la roca de tu verdad.[5]
Amén.

---

4 Santiago 1.22-25
5 Mateo 7.24

Al pedir sabiduría a Dios

«En cambio, la sabiduría que desciende del cielo es ante todo pura, y además pacífica, bondadosa, dócil, llena de compasión y de buenos frutos, imparcial y sincera».

Santiago 3.17

Querido Dios, necesito tu sabiduría celestial. La sabiduría de este mundo no alcanza. No es lo suficientemente sólida ni buena, como tampoco es lo suficientemente firme.

La sabiduría que tú das es «pura», querido Dios. Conoces mis motivaciones interiores mejor de lo que puedo saber yo. Conoces mis buenas intenciones, mis malas motivaciones y mis intenciones mixtas. Purifícame, que pueda ser más sabio.

La sabiduría que tú ofreces es «pacífica». Ayúdame a procurar la paz, vivir en paz y ser un pacificador para los demás.

La sabiduría que tú das es «bondadosa». Ayúdame a no ser egoísta, indiferente, descortés, grosero ni rudo en relación con los demás, en especial con quienes me rodean. Dame un espíritu atento.

La sabiduría que tú das es «dócil». Sé que en ocasiones soy terco e inflexible. A veces creo que sé más de lo que realmente conozco. Concédeme un espíritu enseñable. Ayúdame a cooperar con los demás en lugar de simplemente intentar hacer lo que a mí me parezca mejor.

La sabiduría que tú concedes está «llena de compasión y de buenos frutos». Ayúdame a tener misericordia hacia los demás aun cuando me apego a tu verdad. Guíame hacia acciones de compasión que sean fructíferas.

La sabiduría que tú ofreces es «imparcial». Hazme una persona justa, Señor. Admito que suelo actuar en base a mis propios prejuicios. Elévame por encima de mis preferencias. Hazme veraz y equitativo de modo que pueda ayudar a los demás.

La sabiduría que brindas es «sincera», buen Señor. Admito que en ocasiones soy hipócrita. Sé que no siempre soy sincero en lo que digo. Lamento que a veces otros no confíen en mí. Anhelo la libertad que procede de la veracidad.

Señor, ayúdame a hallar a otros que tengan «la sabiduría que desciende del cielo» y así aprender de ellos. Y que otros también puedan hallarla en mí.

Amén.

Por nuestra familia

«Por esta razón me arrodillo delante del Padre, de quien recibe nombre toda familia en el cielo y en la tierra»

Efesios 3.14-15

Amado Padre celestial:

Oro por mi familia.

Te pido por nuestros hijos, quienes precisan de tu protección y cuyos corazones y mentes se desarrollan cada día de formas ocultas a nuestros ojos. Ayúdanos a vivir en gracia y verdad de modo que nuestra influencia en sus vidas les provea misericordia y rectitud. Protégelos en el ámbito de estudio, en casa, en el lugar de los juegos y cuando estén con sus amigos. Que nuestros hijos conozcan tu cuidado paternal.

Necesitamos ayuda en nuestro matrimonio, oh Dios. Ayúdanos a tener respeto y amor mutuos que nos inspiren a servirnos uno al otro. Que podamos ser pacientes con las falencias menores de nuestro cónyuge y perdonar nuestros pecados. Ayúdanos a entendernos. Ayúdanos a ser sinceros. Danos paciencia y esperanza.

Te pedimos por todas las familias en nuestras comunidades y en nuestra nación. Nos duele que en gran medida el ideal de la familia sea olvidado en tantos lugares. Nuestras familias necesitan ser reavivadas, querido Dios. Que esto pueda comenzar con nosotros.

Amén.

Cuando viajamos

Señor, al preparar mi viaje pido tu guía y tu protección. Sé que estás conmigo a dondequiera que vaya. Conocerte como Señor Todopoderoso, sobre toda la creación, me reconforta. No hay ningún lugar en la tierra que no puedas reclamar como propio. Siempre estoy bajo tu mano soberana.

Ordenas que tu pueblo avance, se movilice, emprenda la travesía y te muestras como el planificador del viaje.

Reafirma a mis seres amados cuando no esté con ellos. Concede tus cuidados durante el viaje cuando esté en un vehículo, un avión, un tren o un autobús.

Ayúdame a representarte bien frente a todos aquellos con quienes esté en contacto.

En el nombre de Jesús. Amén.

Parte 2

ORACIONES EN LAS DIFICULTADES

Cuando alguien se enferma

Querido Dios:

Un ser amado sufre por causa de una enfermedad. Me resulta muy difícil verlo así. Desearía hacer algo para remover el dolor y la angustia. Siento tanta impotencia.

No estoy seguro sobre qué decir ni qué callar, por lo que necesito tu sabiduría y tu dirección. Ayúdame a permanecer fiel y ser paciente. Ayúdame a pensar más en _____ que en mi persona. Quita de mí cualquier pizca de resentimiento que pudiera albergar.

Por favor obra en esta situación con tu toque restaurador. Obra en las partes ocultas del cuerpo. Ayuda a que cada uno encuentre conexiones con buenos médicos y otros profesionales de la salud. Por favor permite que _____ tenga una convicción sobre ti como el Gran Médico.

Por favor, amado Dios, dale a _____ un sentido de tu presencia amorosa. Ayuda a que nuestros seres queridos también lo tengan.

Sabemos que no conocemos el futuro, pero te pido en oración que nos ayudes a ver que tú tienes el futuro en tus manos.

Gracias, Señor Jesús, por sufrir en nuestro lugar. Te necesitamos, gran Pastor de las ovejas, para guiarnos a todos a través del valle de la enfermedad. En nombre de Cristo, Amén.

Cuando estamos enfermos

Querido Dios:

Me duele.

Mi cuerpo no funciona como solía hacerlo. No me gusta estar débil. No me agrada el dolor. No me alegra la incertidumbre. Gracias por permitirme decir esto.

Tu Palabra dice que puedo pedirte sanidad. De modo que eso es lo que te pido ahora. Te lo suplico. Por favor, hazme sentir mejor de lo que estoy.

Mi espíritu clama dentro de mí, querido Dios. Porque mi cuerpo se duele, mi alma también sufre. Estoy desanimado. Necesito que fortalezcas mi corazón. No quiero que el sufrimiento en mi alma afecte a mi familia ni a mis amigos.

Ayúdame, querido Señor, cuando la gente diga cosas que hagan más daño que bien. Puede que no sepan que en estos momentos no necesito escuchar obviedades. Los necesito a ellos.

Querido Dios, mi cuerpo adolorido causa que me sienta solo. No quiero estar limitado. No quiero estar confinado a mi cama. Siento vergüenza por no ser capaz de lograr lo que antes solía hacer. Odio sentir como si defraudara a los demás.

Ayúdame, amado Dios, a no escuchar las promesas falsas. Pero ayúdame también a no perder la esperanza.

Te busco, Señor Jesús, mi Salvador sufriente, mi Señor herido, mi amigo rechazado. Así como miraste más allá de la cruz, menospreciando su vergüenza, y tuviste gozo por lo que aguardaba más adelante, dame la fe para tener un alma afincada, encuentre lo que encontrara en mi sendero.

Amén.

Cuando un ser querido ha fallecido

Querido Dios:

El momento final ha llegado. Sé que todos moriremos, pero el carácter definitivo de la muerte nos golpea muy duro. Pienso en la gente cuya vida tendrá que ajustarse ante esta pérdida. Quiero creer que serán capaces de sobrellevar la situación, aunque parezca tan difícil. Te suplico que acompañes a quienes más sufren este duelo. Ayúdalos a honrar al ser amado que ha fallecido. Ayúdalos a sostenerse en el tiempo de dolor que resta por delante.

Tu Palabra dice que «vale más ir a un funeral que a un festival» y que «vale más llorar que reír; pues entristece el rostro, pero le hace bien al corazón».[6] Es un desafío creerlo pero sabemos que no estaríamos doliéndonos si no fuera por el hecho de que la vida de nuestro ser amado fue una bendición que nos diste a todos nosotros.

---

6 Eclesiastés 7.2-3

Por eso, ayúdanos a aferrarnos a la esperanza, a tener una fe profunda y apreciar el amor, en este tiempo difícil.

En nombre de Cristo, Amén.

«Ahora, pues, permanecen estas tres virtudes: la fe, la esperanza y el amor. Pero la más excelente de ellas es el amor».

1 Corintios 13.13

Cuando enfrentamos el desempleo

Señor Dios:

No planifiqué estar desempleado en esta época, y esto me ha puesto en una situación difícil.

Ayúdame a tener fe cuando estoy atemorizado. No sé lo que ocurrirá si esto dura demasiado tiempo.

Ayúdame cuando me siento avergonzado por mi situación. Sé que hay razones de las que no soy culpable, pero lucho cada día con lo que habría sucedido si hubiera tomado decisiones distintas. Esto no ayuda en mi situación, por lo que por favor ayúdame a vencer la vergüenza que se interpone en mi camino. Quiero ser capaz de contarles a los demás sobre mi situación de manera sencilla y sincera.

Aun en esta situación tomo por fe que tienes buenas intenciones para mi vida. Ahora mismo ni siquiera sé qué sendero tomará mi vida. Sé que todos tenemos que dar un paso de fe para creer en tu soberanía sobre todas las cosas. Ayúdame a dar ese paso cada día.

Ayúdame, Señor, a vencer todo orgullo que me refrena. Quiero tener la valentía de aceptar un empleo razonable y estar contento de ser capaz de llevar alimento a mi mesa.

Sé, Señor, que hay cosas que probablemente deba aprender durante este período de mi vida. Mi mente y corazón están abiertos. Ayúdame a comprender hoy lo que necesito aprender sobre mi persona y la vida.

Si hay alguien que debo conocer, un contacto que realizar, una conversación que sostener, te pido humildemente que me guíes hacia esa persona o esa gente. Ayúdame a tener mis ojos abiertos e impulsa a mis amigos a que mantengan sus ojos abiertos, también.

Por sobre todo, Señor, ayúdame a perseverar. En ocasiones realmente siento que bajo los brazos. Estoy cansado de la decepción. Cansado del rechazo. De la incertidumbre. Sé que necesitaré tu poder sobrenatural para seguir adelante. Ayúdame a poner un pie delante del otro, a perseverar como los grandes héroes de la fe.

En Cristo, Amén.

«Ahora bien, la fe es la garantía de lo que se espera, la certeza de lo que no se ve».

Hebreos 11.1

Cuando experimentamos la soledad

Padre Dios:

Te hablo ahora porque pareciera como si no hubiera nadie más. Aun cuando estoy rodeado de otras personas siento como si flotara junto a ellas, como si no me notaran, como si les diera lo mismo que yo existiera o no.

Estoy cansado de estar tan solo. Me cansa que la gente esté tan ensimismada. Me cansa que la gente gaste tanta energía intentando impresionar a los demás. Me cansa que la gente sea meramente cortés.

No sé cómo las cosas llegaron a este punto, amado Señor, pero esto se ha extendido por un largo tiempo. Sé que en la vida la mayoría de la gente atraviesa la soledad en un momento u otro. No quiero volverme amargo, solo quiero que las cosas mejoren.

Necesito tu guía. Si debo acceder a nuevas situaciones, nuevas comunidades, una nueva iglesia, por favor dame la valentía de hacer lo que sea sabio. Si he pasado por alto los indicios de que alguien intentaba acercarse a mí y no obré de forma recíproca, por favor dame otra oportunidad. Si he estado proyectando una mala actitud o conducta descortés, estoy dispuesto a cambiar. Pero necesito comprenderlo. Y necesito fe.

Me alegra hablarte en oración. Incluso cuando tuviera dudas de que me escuchas, todavía sé que es lo correcto para mí derramar mi corazón ante ti. Ninguno de nosotros tiene ningún derecho de presumir de tu amor ni de tu cuidado. Aun así nos has dicho que estarías con nosotros en cada circunstancia. Que nunca nos abandonarías. Que estarías allí aunque pareciera que nadie más está.

Descanso en ti hoy, Padre.

Amén.

Cuando nos encontramos deprimidos

Querido Dios:

He llegado a un lugar de oscuridad. Esto se ha desarrollado durante un largo tiempo. Nadie entiende lo que ocurre en mí ahora mismo. Ni yo lo comprendo cabalmente.

¿Por qué tengo que sufrir con esto? ¿Por qué nada me hace sentir mejor? ¿Por qué no siento ningún amor ni ninguna esperanza?

Es duro para mí recordar la época en que no me sentía de este modo. La gente me dice que hay esperanza. Quiero creerlo, pero me resulta difícil. Mi oración a ti es mi clamor por ayuda. Querido Dios, ayúdame a saber que no he sido abandonado.

Me avergüenza sentirme de esta forma. Me avergüenza no ser capaz de ser la persona que los demás quisieran que yo fuera. Pero sé que todo lo que importa es quién soy ante tu mirada. Sé que tengo tu gracia y tu perdón. Y también, reconozco que soy pecador.

Oro como David: «Devuélveme la alegría de tu salvación; que un espíritu obediente me sostenga». «Anúnciame gozo y alegría; infunde gozo en estos huesos que has quebrantado».[7]

Permíteme oír el suave murmullo de tu voz como ocurrió con Elías cuando estaba solo y abatido.[8]

Señor Jesús, tú dijiste: «Vengan a mí todos ustedes que están cansados y agobiados, y yo les daré descanso».[9] Eso suena muy bien.

En este día asumo esta postura: descanso en ti.

Amén.

---

7 Salmo 51
8 1 Reyes 19.12
9 Mateo 11.28

Cuando hemos actuado de forma incorrecta

Querido Dios:

Te confieso, con mente y corazón abiertos, que he pecado. Ya conoces las circunstancias. Sabes lo erróneo de lo que he hecho. Sabes —mejor que yo— por qué sucedió esto.

No sé por qué tome las decisiones que hice. Siento las palabras del apóstol Pablo: «De hecho, no hago el bien que quiero, sino el mal que no quiero». Y «que cuando quiero hacer el bien, me acompaña el mal».[10]

Tengo vergüenza por lo que ha ocurrido. Y así, te expreso: «¡Oh Dios, ten compasión de mí, que soy pecador!».[11] «Voy a confesar mi iniquidad, pues mi pecado me angustia».[12] «Lávame de toda mi maldad y límpiame de mi pecado».[13]

También confieso mi fe en Jesús. Hoy me enfoco en su sufrimiento en la cruz como el momento en que

---

10 Romanos 7.19, 21
11 Lucas 18.13
12 Salmo 38.18
13 Salmo 51.2

mis pecados cayeron sobre él. Esto me sobrecoge. Me humilla.

Señor Dios, sé que esta oración no es suficiente por sí misma. Necesitaré de tu protección cuando sea tentado. Ayúdame a mantener mi foco en ti durante cada hora de cada día. Que pueda quebrar los ciclos que me llevan a caer en los mismos pecados.

En nombre de Cristo, Amén.

Cuando visitamos a alguien hospitalizado

Querido Señor:

En este momento oro por _____.

Por favor ayuda a _____ en medio de las horas extendidas y la inconveniencia de estar hospitalizado aquí.

Por favor guía al equipo médico y profesional a ofrecer buen cuidado y saber exactamente cuáles son los problemas.

Trae sanidad, querido Señor.

Trae consuelo.

Trae amor.

Confiamos la vida de _____ a tu cuidado, oh Señor soberano, y lo haremos así cada día.

En el nombre de Jesús, el Gran Médico, Amén.

Cuando un amigo atraviesa el duelo

Querido Señor:

Mi corazón está quebrantado por _____. La pérdida es tan grande. El dolor es tanto. La soledad es tan profunda. Quiero ser capaz de ayudar, pero siento impotencia. Por favor dame la sabiduría para saber qué podría hacer que lograra mostrar mi amor y apoyo.

Ayúdame a distinguir en qué momento debería estar con _____ y cuándo permanecer a distancia.

Quiero ser capaz de decir cosas que ayuden, pero tengo temor de expresar algo incorrecto. Por favor dame las palabras adecuadas en el momento justo. Y ayúdame a saber cuándo debería decir muy poco.

Te pido, querido Señor, tu misericordia por mi amigo. Por favor ayuda a que _____ conozca tu consuelo y tu amor en estas circunstancias.

En nombre de Cristo, Amén.

—Parte 3—

ORACIONES PARA ÉPOCAS DE ESTRÉS

Cuando estamos desanimados

Señor, hoy estoy desanimado.

Esperaba que los problemas que enfrento comenzaran a resolverse mucho tiempo atrás.

Esperaba saber exactamente lo que podría hacer para mejorar las cosas.

Esperaba que los demás pudieran ver que están ocasionando problemas.

Esperaba ser mejor persona de la que soy.

Esperaba, al menos, tener un destello de esperanza.

Siento como si estuviera bajo amenaza. Algunos días se siente como si caminara en el borde de un precipicio. Sé que esto no es bueno. Sé que no es algo seguro.

Por eso hoy, querido Dios, simplemente te pido que me ayudes a sostenerme allí. Hoy me propongo caminar en fe, pero puede que necesite ayuda adicional de tu parte.

Eres un Dios de gran bondad. Te agradezco por tus grandes hechos y misericordias en el pasado. Sé que cuando todo lo demás parezca desalentador y yo esté profundamente desanimado por la gente que me rodea, tú permanecerás fiel. Tu bondad y grandeza nunca cambiarán.

Ayúdame a aferrarme a ti.

Amén.

Cuando estamos enojados

Oh Dios, estoy tan profundamente atribulado. Estoy enojado con alguien ahora mismo y no sé qué hacer con esto.

Considero que es comprensible que esté enojado, pero no estoy seguro. Me preocupa que sea algo incorrecto. No quiero empeorar una situación mala.

Te pido que me ayudes con mi ira. Sea que aminores la agitación de mi corazón o me ayudes a saber qué hacer con esto.

No sé si es correcto decir algo justo ahora. Puede que empeore las cosas. ¡O que mi silencio pueda empeorarlas! Mi ira me dice que algo necesita cambiarse.

Tal vez yo sea quien necesite cambiar. Si así fuera, dame la valentía para hacerlo. Pero no quiero cargar con la culpa sobre mis hombros por los aspectos en donde soy inocente.

Si estoy indignado por algo realmente incorrecto, ayúdame a permanecer firme a favor de tal principio. Pero si estoy enojado por razones menores —debido a mi ego herido, porque he perdido algo, en vistas de que simplemente tengo miedo— por favor ayúdame a soltar aquello a lo que me aferro.

Ayúdame a comportarme bien a medida que el fuego se apaga lentamente. Evita que hiera a los demás durante mi enojo. Y ayúdame a caminar en integridad.

En nombre de Cristo, Amén.

Cuando afrontamos dificultades financieras

Querido Señor:

Realmente desearía no tener que orar justo ahora sobre los problemas financieros en mi vida. Lucho con la vergüenza al respecto. Me obsesiona pensar en lo que ocurrirá. Tengo mucho temor.

Ayúdame a no lidiar con esto mediante la negación de los problemas, Señor. No quiero empeorar las cosas.

Ayúdame a tragar saliva y reconocer ante ti y mi persona, así como mis seres queridos afectados, cuál es la situación.

Sé que hay mucha gente que ha estado donde me encuentro hoy y ha logrado sobrevivir. Dame fe para creer que mi historia puede ser similar.

Mira en mi corazón, oh Dios.

Extirpa toda actitud de prerrogativas, egoísmo o codicia que pudiera haber tenido.

Extingue toda vergüenza que me ha llevado a usar el dinero como un medio para sentirme bien conmigo mismo.

Dame sabiduría en cuestiones financieras, querido Dios.

Ayúdame a trabajar de forma diligente e inteligente.

Ayúdame a tener expectativas realistas.

Ayúdame a ser generoso aun cuando me siento necesitado.

Ayúdame a encontrar consejeros confiables que me brinden las pautas hacia la libertad financiera.

Ayúdame a obrar bien con otros miembros de mi familia y elaborar planes de inversión saludables.

Ayúdame a servirte y no servir al dinero.

Por sobre todo, oh Dios, ayúdame a ser paciente, diligente y fiel. Líbrame de buscar soluciones rápidas. Protégeme de gente que pudiera sacar provecho de mi desgracia.

Confío en ti hoy, en el nombre de Jesús, Amén.

Cuando somos tentados

Señor Dios:

Me encuentro sobre un terreno inestable ahora mismo porque estoy siendo fuertemente tentado. Me llevó un tiempo ver qué ocurría en el afuera y qué ocurre dentro de mí, en mi mente y mi corazón. Ni siquiera deseo orar sobre esto porque me estuve engañando a mí mismo al pensar que no era una cuestión tan importante. Y luego ingenuamente pensé que podría lidiar con la tentación por mi cuenta. Esto es peligroso y por eso ahora elevo mi oración a ti. Oro con urgencia. Ayúdame a retroceder de este borde del precipicio. Muéstrame cómo puedo separarme de la oportunidad de pecar. Grítame si estoy demasiado cerca del despeñadero.

Sé que debería hablar con alguien sobre lo que ocurre, pero tengo dudas al respecto. No quiero que nadie piense mal de mí. No deseo alarmar a quienes me aman. No quiero perder algo innecesariamente.

Dame la valentía de hablar con un referente espiritual de confianza y con otras personas que estén en mi situación.

Ahora comprendo, Señor Jesús, por qué nos enseñaste a orar: «... no nos dejes caer en tentación». Y también: «... líbranos del maligno».[14]

Es bueno que yo sienta temor al comprender que estoy siendo tentado. Que todas las decisiones que tome hoy te agraden y me encaminen en un sendero de seguridad.

En nombre de Cristo, Amén.

---

14 Mateo 6.13

Cuando estamos confundidos

Querido Señor:

Estoy confundido. No entiendo por qué la gente a veces obra de un modo determinado.

«No entiendo lo que me pasa, pues no hago lo que quiero, sino lo que aborrezco».[15]

¿Por qué ocurren cosas que simplemente no tienen sentido? ¿Por qué algunos problemas nunca desaparecen? ¿Por qué la gente sigue cometiendo los mismos errores?

Señor, tu paciencia es grande. Es sorprendente que no te hayas dado por vencido con respecto a la humanidad. Estoy agradecido por tu paciencia. Me reconforta.

Hay tantos malentendidos en nuestro mundo.

Tantas parcialidades.

Tanto prejuicio.

Tanto pensamiento único.

Que la claridad comience conmigo, querido Dios.

Anhelo ser una persona sabia. Clarifica mi confusión

---

15 Romanos 7.15

de modo que tome buenas decisiones. Y ayúdame a socorrer a otros cuando se sientan confundidos.
Amén.

Parte 4

ORACIONES PARA TIEMPOS DE GOZO

Una oración de fe y salvación

Oh Dios:

Ahora sé que deseo que mi vida esté por completo en tus manos. Esto es justo. Es hora de que no me detenga más.

Me has traído hasta este lugar. Sé que no imagino meramente que eres real ni que sigo solo lo que mis amigos y parientes quieren.

Y así te confieso que soy un pecador. He pecado en mis pensamientos, y en mis palabras, y en mis acciones. A veces he pecado de forma intencional y a menudo por error. Quiero que seas el amo de mi vida, no el pecado.

Confieso que creo en Jesucristo. Pese a que tengo mucho que aprender, entiendo que Jesús vino a salvarnos de nuestros pecados. Su vida fue perfecta y en su muerte en la cruz ofreció perdón. Es Señor de todo.

Humildemente acepto tu gran don de misericordia. Tú has hecho esto, gran Dios.

Padre celestial, quiero vivir bajo tu cuidado cada día.

Señor Jesús, es lo correcto para mí que te siga.

Espíritu Santo, estoy vacío a menos que me llenes, quebrado a menos que me sanes, débil a menos que me des tu poder.

Estoy inseguro de lo que ocurrirá a continuación en mi vida, por lo que pido tu ayuda, querido Dios, para tener fe cada día. Trae gente a mi vida que me enseñe lo que puede ser la vida en Jesús. Me arrojo hoy a tu misericordia.

Realizo esta oración con fe en ti y en tu sublime gracia.

Amén.

Sobre la amistad

Querido Señor:

Gracias por los amigos que has traído a mi vida. Sé que tenemos nuestros altibajos y algunos amigos vienen y van. A veces me decepciona que mis amigos no me entiendan más plenamente, pero sé que yo también los he decepcionado.

Ayúdame a mantener la sencillez de las cosas. Estoy feliz por la gente con quien puedo contar, por la gente que se preocupa por mí.

Esto me hace pensar en las personas que conozco que no tienen amigos verdaderos. Mi corazón está con ellas. Mi corazón se quiebra por ellas al ver cuán solitarias suelen estar.

Ayúdame a ser amigo de los que no tienen amigos. Sé que no puedo rescatar a los demás pero sí que puedo amarlos. Ayúdame a tener la valentía y la generosidad para decir o hacer algo lleno de gracia y compasión cuando tenga la oportunidad. Y ayúdalos a encontrarte a ti como su amigo más verdadero.

En Cristo, Amén.

Acción de gracias por buena salud

Querido Señor:

Te agradezco por la buena salud que disfruto en este momento. Nuestro cuerpo es tan complejo que es maravilloso ver cómo funciona. Me sorprendo de tu labor al crear nuestro cuerpo.

Muéstrame las disciplinas que me ayudarán a permanecer saludable. Sé que debería respetar mi cuerpo como un templo del Espíritu Santo. Esto es maravilloso. Quiero ser tan fuerte y saludable como pueda llegar a ser, no solo por mi bien sino también para ser capaz de servir bien a los demás.

En nombre de Cristo, Amén.

Gratitud por un tratamiento médico exitoso

Querido Señor:

Gracias por permitirme recibir buen tratamiento médico. No lo doy por sentado.

La obra de sanidad yace por delante y por eso te pido paciencia para enfrentar el día a día. Te alabo por el maravilloso proceso de sanidad que obras en nuestro cuerpo cada día. Realmente eres el Gran Médico.

Ayúdame a cooperar con el proceso de tratamiento. Estoy agradecido por los recursos médicos que fui capaz de hallar.

Sé que cada uno de nosotros, todos los días, debe caminar en fe. Tu Palabra dice que «soy una creación admirable»,[16] pero también que soy vulnerable y falible. Quiero alabarte siempre, tanto cuando esté débil como cuando sea fuerte.

En nombre de Jesús, Amén.

---

16 Salmo 139.14

Gratitud por un día común y corriente

Señor Dios, hoy fue un día común y corriente. Estoy agradecido por ello.

Hubo una época en la que yo hubiera denominado un día así como aburrido, rutinario o nada interesante. Pero ahora escojo ver tu obra en los momentos comunes de mi vida.

Hoy tuve alimentos sobre mi mesa. Gracias.

Hoy fui capaz de realizar mi trabajo. Gracias.

Hoy atendí las necesidades personales y familiares. Gracias.

Hoy tuve la oportunidad de procurar sabiduría de tu parte. Gracias.

Hoy entablé conversaciones respetuosas. Gracias.

Anhelo ver tu señorío cada día, querido Dios, tanto en las jornadas en las que haces cosas extraordinarias como en los días en que permites que nuestra vida te glorifique de formas sencillas y calmas.

En nombre de Cristo, Amén.

Gratitud por un logro significativo

Señor Dios, este es un día para celebrar. Estoy profundamente agradecido de que el trabajo y el esfuerzo diligentes me hayan conducido a este logro significativo.

Sé que no solo mereces gratitud sino también alabanza. No puedo hacer nada sin ti. En tu sabiduría nos creaste con energía e impulso, con un deseo de tener éxito y sobresalir. Nos das la oportunidad de optimizar nuestra vida y la vida de la gente que nos rodea.

Así que me gozo por las congratulaciones que han venido en mi camino por este logro, pero también te alabo, gran Dios de cielo y tierra, por tu obra continua entre nosotros.

Guíanos en los desafíos y las oportunidades que yacen delante de nosotros.

En nombre de Cristo, Amén.

Cuando llega un nuevo bebé

Querido Señor:

Te agradecemos y alabamos por la llegada de esta nueva vida. Estamos maravillados y asombrados por el milagro de este nuevo nacimiento. Luego de meses de espera, ahora podemos ver y conocer esta nueva creación.

Tu Palabra dice que nos formaste en el vientre de nuestra madre, que estamos admirable y maravillosamente creados, que observaste nuestros cuerpos sin forma, que todos los días ordenados para nosotros están escritos en tu libro.[17]

Y así, pedimos ahora por este pequeño. Oramos por salud y bienestar. Pedimos por los padres del niño. Dales sabiduría y fortaleza para este nuevo tiempo y también para los años venideros a medida que cuiden de su hijo en obediencia a ti.

En el nombre de Jesús, Amén.

---

17 Salmo 139.16

Por la graduación

Querido Señor:

Estamos felices de celebrar la graduación de
_____. Es un logro mayor. Estamos
emocionados. Te damos gracias por este hito.

Te pedimos tu dirección y cuidado en este punto
de inflexión y nuevo comienzo.

Te pedimos por una abundancia de sabiduría para
_____ al enfrentar las decisiones
importantes que tiene por delante.

Eres Señor de cielo y tierra. Confiamos en tu
cuidado providencial.

En nombre de Cristo. Amén.

Cuando alguien viene a la fe

Señor Dios, ¡cuán felices estamos de que nuestro amigo haya llegado a la fe en ti!

Tu Palabra nos dice que los ángeles se regocijan, que tú estás contento y por eso nos emociona ver que una nueva vida espiritual ha comenzado. Como el padre de la historia del hijo pródigo, te vemos dándole la bienvenida a un hijo en su regreso a casa. Nos recuerda del gozo de nuestra salvación, la paz que viene de hallar nuestro camino hacia ti.

Te pedimos protección del maligno. Sabemos que el mal no quiere la nueva vida espiritual y por tanto buscará arruinarla.

Oramos para que nuestro amigo pueda avanzar, por buen compañerismo, buen aprendizaje de enseñanza bíblica sólida y sabiduría a medida que surjan las cuestiones de la vida de formas totalmente nuevas.

Estamos asombrados de tu obra invisible y misteriosa, Espíritu Santo, por la cual nuestro amigo a venido a la fe.

En nombre de Cristo. Amén.

Cuando alguien contrae matrimonio

Señor Dios, celebramos la boda de _____ y _____.
Sabemos que el matrimonio es una institución honorable que ordenaste en el principio. Es la unidad básica de la sociedad, el fundamento de la familia y una relación que refleja la relación de Cristo y la iglesia.

Por eso en este día consideramos el matrimonio con toda la seriedad que merece. Te pedimos tu bendición sobre _____ y _____ en los años venideros.

Protégelos en una relación de respeto mutuo.

Bendícelos con un amor compartido.

Guíalos en las decisiones, grandes y pequeñas.

Mantenlos humildes y perdonadores.

Enséñales a ser pacientes.

Fortalécelos cuando enfrenten retos y desafíos.

Háblales cuando los problemas aún sean pequeños.

Guíalos hacia una reverencia por ti.

Y concédeles, tanto hoy como en los días por venir, el don del gozo mutuo.

En el nombre de Jesús. Amén.

—Parte 5—

ORACIONES PARA
ADORAR A DIOS

Alabanza a Dios el Padre

Santo Padre, que estás en el cielo, cuán agradecidos estamos por tu gran poder y providencia. No eres como los dioses fantasmagóricos que los seres humanos han fabricado. Eres el único Dios verdadero, no una mentira.

Oh Padre, eres grande y bueno.

Grande porque eres Espíritu.

Grande porque existes antes de todas las cosas.

Grande porque eres el Dios viviente y el autor de la vida.

Grande porque eres el Dios personal, Dios de Abraham, de Isaac y de Jacob...

... no el Dios de una filosofía vacía.

Grande porque conoces todas las cosas.

Grande porque eres Todopoderoso.

Grande porque estás presente en todos lados.

Grande porque no cambias.

Padre, eres grande, y también eres bueno. Si no fuera así, correríamos peligro.

Bueno porque eres santo.

Bueno porque eres recto.

Bueno porque eres justo.

Bueno porque eres amor.

Bueno porque eres verdad.

Tu grandeza y tu bondad, oh Padre, exceden nuestra comprensión. No obstante, el día en que captamos un destello de tu gloria nuestra vida es mucho mejor.

Hemos sido pródigos,[18] Padre. Queremos regresar a casa. Queremos permanecer en el hogar.

Amén.

---

18 Ver Lucas 15

Alabanza a Cristo el Señor

Señor Jesucristo, te adoramos y alabamos. ¿Dónde estaríamos sin ti? Anhelamos vivir contemplando tu gloria y gozando de tu bondad. Te identificaste con Dios el Padre al expresar «Yo soy». Explicaste tu vida y tu propósito al decir...

«Yo soy el pan de vida»[19] —así que sabemos que vivimos a través de ti.

«Yo soy la luz del mundo» —por lo que ya no vivimos en la oscuridad del mal ni en la ignorancia.

«Yo soy la puerta» —de modo que sabemos que estamos protegidos de los depredadores espirituales.

«Yo soy el buen pastor» —así que estamos bien alimentados, guiados y protegidos.

«Yo soy la resurrección y la vida» —por lo que podemos vivir por encima del temor a la enfermedad y la muerte.

«Yo soy el camino, la verdad y la vida» —de modo que podemos ver un camino claro hacia la vida abundante.

---

19 Los siete pasajes que refieren a la expresión «Yo soy» son los siguientes: Juan 6.35-51; 8.12; 10.9; 10.11-14; 11.25; 14.6; 15.1-5.

«Yo soy la vid verdadera» —así que sabemos que permanecer conectados a ti es la prioridad más importante que debemos tener.

Señor Jesús, eres «el autor de la vida».[20] Viniste de modo que pudiéramos tener vida, y tenerla en abundancia.[21]

Podemos estar delante de Dios el Padre debido a tu gran sacrificio. Hiciste la paz mediante la sangre de la cruz a fin de reconciliar todas las cosas contigo mismo.[22]

Nos sentimos sobrecogidos. Estamos asombrados. Nos sentimos humillados. Deseamos adorarte y seguirte todos los días de nuestra vida. Queremos conocerte. Sí, conocer el poder de tu resurrección y la participación en tus sufrimientos, volvernos como tú en tu muerte y así, de algún modo, alcanzar la resurrección de entre los muertos.[23]

Amén.

---

20 Hechos 3.15
21 Ver Juan 10.10
22 Ver Colosenses 1.20
23 Ver Filipenses 3.10-11

Alabanza al Espíritu Santo[24]

Ven, Espíritu Santo, ven.

Desde que llegaste como el «Consolador» del que Jesús habló, el mundo nunca ha vuelto a ser igual. Y por eso, ahora te pedimos:

Llénanos con tu gloria imponente.

Danos poder para la gran misión a la que somos llamados.

Derrama de tu amor y tus dones.

Ilumínanos con la verdad de la Palabra de Dios.

Concédenos la rectitud, la paz y el gozo que tu presencia ofrece.

Purifícanos a través de tu obra santificadora.

Protégenos, Espíritu Santo, de modo que no te agraviemos, ni apaguemos ni resistamos.

Queremos caminar contigo, Espíritu Santo. Necesitamos un compañerismo de toda la vida junto a ti. Que nuestra vida muestre el fruto de tu presencia transformándonos en personas de amor, alegría, paz,

---

24 Referencias escriturales en esta oración: Juan 14.16; Efesios 5.18; Romanos 15.13; 5.5; 17.14; Efesios 4.30; 1 Tesalonicenses 5.19; Hechos 7.51; Gálatas 5.25; 2 Corintios 13.14; Gálatas 5.22-23.

paciencia, amabilidad, bondad, fidelidad, humildad y dominio propio.

Ven, Espíritu Santo, ven.

Una oración de dedicación en la iglesia

Padre celestial, eres bueno con nosotros. Tu misericordia es eterna. A pesar de todas nuestras faltas aún llamas «esposa» a tu iglesia. Ayúdanos a honrarte. Ayúdanos a representarte en nuestra comunidad y nuestro mundo de formas que muestren tu gracia y verdad. Por tu grandeza haznos más grandes en pensamiento, palabra y acción.

Jesús, todo es diferente debido a que viniste. Nos hiciste libres. Nos has sanado. Tú redimes y reconcilias. Ayúdanos a alzar nuestra voz y mantenernos firmes por aquello que tú sostienes y enarbolas. Quiebra el lazo del pecado en nuestra vida. Trae reconciliación a las relaciones quebradas. Haznos valientes testigos para ti. Motívanos a ayudar al pobre y el oprimido. Ayúdanos a pregonar el año de tu favor.[25]

Espíritu Santo, tu obra es poderosa. Tus caminos son misteriosos. Llénanos, te pedimos. Guíanos, consuélanos, enséñanos. Que no te agraviemos ni

---

25 Lucas 4.19

apaguemos tu obra entre nosotros. Mantén abierto nuestro corazón.

Querido Dios, queremos ser una iglesia que dé gloria a ti, Padre, Hijo y Espíritu Santo. Nos consagramos a adorarte y servirte. Tu llamado y tu misión es nuestra vida.

En nombre de Cristo, Amén.

En un funeral

Venimos ante ti, amado Dios, en este momento de pérdida, porque es mejor para nosotros lamentarnos ante ti que sufrir en soledad.

Gracias por lo que has hecho en y a través de la vida de nuestro ser querido.

Gracias porque nada puede arrebatarnos los recuerdos de lo que hemos vivido.

Gracias porque hay esperanza al otro lado de esta vida, donde enjugarás cada lágrima de nuestros ojos y donde no hay más muerte, lamento, llanto ni dolor.[26]

Por favor consuela a cada uno, en especial a nuestros parientes y amigos cercanos.

Ayúdanos a considerar nuestra vida de manera distinta.

Ayúdanos a valorar cada hora.

Ayúdanos a vivir en un plano superior y buscar integridad en nuestra existencia.

Ayúdanos a estar insatisfechos con nuestra propia mala conducta.

Ayúdanos a perdonar.

---

26 Ver Apocalipsis 21.4

Ayúdanos a amar.

Ayúdanos a tener esperanza.

Ayúdanos a ver a Jesucristo, vivo y victorioso, con su mano extendida frente a nosotros.

Ayúdanos a ver luz adelante y no oscuridad, de modo que seamos hijos de luz y podamos glorificarte.

En el nombre del Cristo crucificado y resucitado, Amén.

Parte 6

ORACIONES POR LA COMUNIDAD, LA NACIÓN Y EL MUNDO

Por la comunidad

Querido Dios:

Oramos por nuestra comunidad.

Comenzamos por agradecerte por tus ricas bendiciones. Te agradecemos por el cuidado y el propósito con el que creaste los cielos y la tierra. Gracias porque podemos ver el esplendor de tu creación. Vemos la majestad de tu carácter en lo que has hecho: los arroyos y las colinas, los lagos y los bosques, los campos que producen ricas cosechas.

Te agradecemos por tu influencia en nuestra cultura y herencia. Ayúdanos a sostener los valores que se extienden más allá de nosotros y el breve tiempo que pasamos por este mundo.

Te confesamos que nuestra respuesta a tu bondad suele estar enmudecida porque nos vemos enredados en cosas que son temporales y pasajeras.

Pedimos tu perdón y tu misericordia, y pedimos que nos guíes hacia la fe y dirijas nuestra visión hacia la edificación de nuestra vida y nuestras comunidades con verdad e integridad.

Ahora pedimos que ayudes a cada persona que tiene un rol en el gobierno de nuestra comunidad y nación a entender el valor que asignas a la función que desempeñan. Ayuda a que cada uno sienta la satisfacción que proviene de ser un servidor público.

Oramos específicamente por asuntos de gran peso que deben tratarse en estos días: cuestiones de seguridad pública, justicia social y administración fiscal. Como la Biblia nos invita a pedir tu sabiduría cuando la necesitemos, te pedimos en nombre de cada persona que toma decisiones que afectan la vida de muchos que concedas una sabiduría que sea profunda, abnegada y verdadera.

Gracias porque escuchas nuestras oraciones y anhelas oír plegarias verbalizadas tanto en público como en los rincones silenciosos de nuestra vida. Y así oramos por tu cuidado y protección providenciales sobre nuestra comunidad.

Amén.

Por la nación (A)

Querido Dios:

Has dicho en tu Palabra que cuando supiéramos que necesitamos sabiduría, podríamos pedírtela, y que la darías de forma generosa.[27] Entonces, al dar el paso extraordinario de votación por nuestros líderes locales, regionales y nacionales, pedimos tu sabiduría del cielo.

Concédenos sabiduría para conocer tu forma de ver los asuntos de nuestra nación.

Danos sabiduría para entender cómo observas nuestro mundo actual.

Concédenos sabiduría para entender cómo debe ser una sociedad ordenada, justa y compasiva.

Danos sabiduría para saber qué hacer con la realidad del mal.

Concédenos sabiduría para sostener a los indefensos.

Danos sabiduría para amarte y amar a nuestro prójimo como a nosotros mismos.

---

27 Ver Santiago 1.5

Señor, te pedimos que nuestros líderes entiendan de forma personal que tú eres una realidad dinámica en el mundo y en nuestra vida.

Que podamos ser una nación que dependa de ti, reconozca tus bendiciones y valore lo que tú valoras.

Y en el día posterior a la elección, Señor, ayúdanos a ser miembros fieles de tu reino y ciudadanos responsables de la nación en donde vivimos.

En nombre de Cristo y por su amor, Amén.

Por la nación (B)

Querido Dios:

Nos has bendecido con el don de la vida y por ello, con cada aliento que tenemos, somos tu testimonio del valor y la santidad de la vida. Nos has bendecido al ponernos en un mundo que es tu creación espectacular, llena de maravillas, y nos permites vivir en una nación con recursos naturales y belleza increíbles. Ayúdanos a maravillarnos por las bendiciones de tu creación y ser administradores responsables de la tierra que has hecho.

Nos has bendecido con matrimonios, familias y amistades. Y así te pedimos que nos ayudes a cuidar y respetar estas relaciones que has tejido en la humanidad, y que podamos honrar dichas relaciones al vivirlas con gracia y verdad.

Nos has bendecido con el don de la libertad.

Libertad por la que podemos reunirnos juntos.

Libertad por la que podemos tomar decisiones soberanas sobre la manera de conducirnos como nación.

Libertad por la que podemos mostrar actos de misericordia hacia los marginados y los enfermos.

Libertad por la que, como ciudadanos, podemos ejercer discernimiento responsable en la elección de nuestros líderes.

Libertad por la que, como padres y madres, hermanas y hermanos, amigos y vecinos y compañeros de trabajo podemos edificarnos mutuamente para ser la clase de gente que te propusiste que fuéramos.

Te pedimos por los líderes de nuestra nación. Por favor bendice, fortalece y guía sus vidas en estos días que son los peldaños hacia nuestro futuro.

Reconocemos nuestra necesidad cotidiana de tu perdón por nuestras deficiencias y de tu protección contra quienes podrían dañar y destruir. Somos ciudadanos de esta nación, pero sabemos que, para ti, todas las naciones juntas son como una gota en un balde, una brizna de polvo en una balanza.[28]

Estamos aquí y siempre bajo tu mirada atenta como Padre amoroso, Hijo Salvador y Espíritu Santo purificador.

Amén.

---

28 Ver Isaías 40.12-15

Por el mundo

¿Acaso no lo sabían ustedes?
¿No se habían enterado?
¿No se les dijo desde el principio?
¿No lo entendieron desde la fundación del mundo?
Él reina sobre la bóveda de la tierra,
cuyos habitantes son como langostas.
Él extiende los cielos como un toldo,
y los despliega como carpa para ser habitada.
Él anula a los poderosos,
y a nada reduce a los gobernantes de este mundo.

Isaías 40.21-23

Gran Señor de cielo y tierra:
Oramos por nuestro mundo.

Pero no es nuestro mundo, por supuesto, es tu mundo. Por tu elección soberana creaste los cielos y la tierra. Tu poder y belleza están en todo lugar para ser contemplados en la creación. Decidiste crear a la humanidad conforme a tu imagen.

Pero nosotros, hombres y mujeres, hemos escogido seguir nuestros propios caminos. Nos separamos de ti. Arruinamos el mundo.

Nos regocijamos de que amaras tanto al mundo que vinieras en la persona de Jesucristo a salvarnos. Y en base a ello oramos por el proceso de salvación en nuestro mundo.

Ayúdanos a ver tu luz aun cuando la oscuridad pareciera rodearnos.

Ayúdanos a proclamar a Jesucristo, la luz que ha venido al mundo, en cada oportunidad.

Concédenos libertad de modo que proclamemos el evangelio sin impedimento.

Ayuda a quienes viven bajo continua amenaza debido a la persecución.

Ejecuta tu santo juicio contra todo mal.

Que tu justicia fluya como un río.[29]

Trae paz a las regiones atribuladas del mundo.

Guíanos hacia las formas en que podemos ser pacificadores, como ordenó el Señor Jesús.[30]

Danos la valentía de ser pacificadores cuando otros solo deseen conflicto y guerra.

Edifícanos en integridad de actitud, conducta y carácter que permitirán que el mundo sepa que podemos acudir a tu bondad.

En el poderoso nombre de Jesús, Amén.

---

29 Ver Amós 5.24
30 Ver Mateo 5.9

Por los pobres y los oprimidos

«El Espíritu del Señor está sobre mí,
  por cuanto me ha ungido
  para anunciar buenas nuevas a los pobres.
Me ha enviado a proclamar libertad a los cautivos
  y dar vista a los ciegos,
a poner en libertad a los oprimidos,
  a pregonar el año del favor del Señor».

Lucas 4.18-19

Misericordioso Señor celestial:

Al considerar la miseria y el sufrimiento de millones de personas en el mundo actual, nos vemos abrumados.

Que no demos la espalda ante esta realidad.

Ayúdanos a ver estas situaciones dramáticas. Abre nuestros oídos a los lamentos de las multitudes. Danos la valentía de conocer el dolor de los demás.

Y así oramos, aunque con un gran sentido de nuestras limitaciones.

Oramos por los pobres. Que la batalla contra la pobreza extrema avance sin pausa.

Oramos por los oprimidos. Ayúdalos a sobrevivir las corrupciones de los gobiernos y la maldad de los criminales que se aprovechan de ellos. Oramos por los esclavizados. Dales rescatadores que puedan librarlos de sus cadenas. Dales la esperanza de la libertad espiritual.

Oramos por aquellos que sufren la indignidad de la discriminación en cualquier forma. Ayúdalos a encontrar justicia y protege sus corazones de la amargura.

Oramos por las personas valientes que están llevando libertad y alivio a los pobres y los oprimidos de nuestro mundo. Pedimos que dispongan de los recursos para hacer su trabajo y que sientan tu sabiduría para saber qué debe realizarse.

Nos sentimos abrumados por las necesidades de un mundo sufriente, querido Dios. Protégenos de la parálisis. Ayúdanos a proclamar el evangelio liberador del Señor Jesús y a poner en práctica dicho evangelio.

En nombre de Cristo, Amén.

Por los líderes gubernamentales

Querido Dios:

Pereceremos en la insensatez si no crecemos en sabiduría. Necesitamos líderes que, como Salomón, miren a ti en busca de sabiduría.

Oramos por todos nuestros líderes gubernamentales. Oramos por los líderes locales, incluyendo nuestros fiscales, jueces y agentes del orden. Oramos por los líderes regionales, estatales y provinciales, por los gobernadores y los ministros de gobierno. Oramos por nuestros líderes nacionales, incluyendo los miembros del congreso y el presidente.

Ayúdalos a ser servidores del bien común y entender que las tentaciones del poder personal son mortíferas. Ayúdalos a valorar la veracidad como algo más satisfactorio que la mentira. Ayúdalos a considerar su autoridad como una responsabilidad dada por Dios en vez de un privilegio personal.

Dales sabiduría, querido Dios. Motívalos a obrar racionalmente y por el bien común. Inspíralos a conducirse con respeto y dignidad.

Reduce la insensatez de la simpleza de mente, la necedad del descuido y la imprudencia del cinismo.

Te pedimos esto en nombre del Mesías, de quien Isaías dijo lo siguiente: «... el gobierno descansará sobre sus hombros».[31]

Amén.

---

31 Isaías 9.6 (NTV)

—Parte 7—

ORACIONES DURANTE FESTIVIDADES

Por el Día de Acción de Gracias

«No se inquieten por nada; más bien, en toda ocasión, con oración y ruego, presenten sus peticiones a Dios y denle gracias».

Filipenses 4.6

Querido Dios:

Nos has invitado a darte gracias y eso es lo que deseamos hacer. Vivimos en una época de gran inquietud, pero nos has ofrecido una vía de escape ante la ansiedad. Anhelamos conocer tu cuidado amoroso.

Oramos a ti porque no hay nadie tan bueno, tan excelso, tan santo ni tan misericordioso como tú. Gracias por habernos invitado a presentar nuestras peticiones y necesidades ante ti. ¿A quién otro podríamos ir en busca de sabiduría, esperanza o dirección?

Oramos por las víctimas de la violencia donde fuera que se encuentren. Oramos por quienes están en autoridad, que puedan buscar y encontrar la sabiduría que viene del cielo. Oramos por la paz en el mundo.

Te pedimos que nos ayudes a vivir en obediencia, con integridad, basados en la dignidad que nos has dado. Y oramos por la paz en nuestro propio corazón, una paz que procede de tu perdón, la integridad que viene de tu toque restaurador. Te agradecemos por crear un mundo al que llamaste «bueno». Gracias que pese al mal, que ha entrado al mundo y aún batalla en nuestra propia alma, tu propia bondad no se ha disminuido. Te agradecemos porque hemos visto...

... honor que es más fuerte que la vergüenza;

... misericordia que es más amplia que la crueldad;

... verdad que es más recta que la decepción;

... fe que es más sólida que la falsedad;

... esperanza que es más profunda que la desesperación;

Te damos gracias por las cosas comunes y corrientes: el pan que recibimos hoy, el aliento por el que vivimos hoy. Y gracias por las cosas extraordinarias: la fortaleza que no sabíamos que era posible tener y el descubrimiento de verdades que no sabíamos que aún no conocíamos. Te agradecemos por tu gracia inconmensurable mostrada a nosotros en la venida de Jesucristo, la esperanza del mundo.

En su nombre, Amén.

Por Adviento y la temporada de Navidad

Señor Dios:

En estas semanas previas a la Navidad anhelamos conocer el sentido, el poder y el misterio de aquella gran misión por la cual viniste a salvarnos de nuestros pecados.

Ayúdanos a enfocarnos en la buena noticia que ha causado gran gozo en la gente alrededor del mundo y a través de los siglos.

Nos admiramos ante la venida del Señor Jesús, que ha modelado la historia del mundo y ha cambiado incontables millones de personas. Necesitamos este evangelio en épocas de tribulación para no volvernos cínicos, dubitativos, temerosos ni vengativos. Fortalece nuestra fe durante épocas desafiantes.

Nos regocijamos en la proclamación de Emanuel, Dios con nosotros. Isaías dijo: «Porque nos ha nacido un niño, se nos ha concedido un hijo; la soberanía reposará sobre sus hombros, y se le darán estos nombres: Consejero admirable, Dios fuerte, Padre eterno, Príncipe de paz».[32]

Necesitamos el gobierno de Cristo, el Señor, porque la humanidad está fuera de control.

Necesitamos al «Consejero admirable» porque deambulamos en ignorancia y necedad la mayor parte del tiempo.

Necesitamos al Salvador que es «Dios fuerte», capaz de salvar y preservar.

Necesitamos al «Padre eterno» que nos protege y provee no solo lo que pensamos que necesitamos sino lo que realmente precisamos.

Necesitamos al «Príncipe de paz» debido a las tensiones entre las naciones del mundo, porque hay miles de personas cuyo corazón está entenebrecido con pensamientos de homicidio y terrorismo, y porque incluso amigos y parientes pelean tan a menudo entre sí.

Siempre hemos necesitado un Salvador. Pero ahora más que nunca.

En el nombre de Jesús el Cristo, Hijo de Dios, Salvador. Amén.

---

32 Isaías 9.6

Por el día de Navidad

Señor Dios:

«Porque han visto mis ojos tu salvación, que has preparado a la vista de todos los pueblos: luz que ilumina a las naciones y gloria de tu pueblo Israel».[33]

Nos regocijamos en la venida de nuestro Señor Jesús, la luz del mundo, que ha perforado la oscuridad. Él ha venido de ti, oh Padre, lleno de gloria, de gracia y de verdad.[34]

Ahora sabemos que podemos ser salvos de nuestros pecados y que los reinos de este mundo se someterán a tu gran reinado.

«Gloria a Dios en las alturas, y en la tierra paz a los que gozan de su buena voluntad».[35]

Amén.

---

33 Lucas 2.30-32
34 Ver Juan 1.14
35 Lucas 2.14

Por Cuaresma, en preparación para la Pascua

Señor:

En los días previos a la Pascua queremos contemplar y entender más plenamente la muerte sufriente del Señor Jesús, por la cual somos perdonados, y su gloriosa resurrección, por la que recibimos el poder para vivir.

Esta gran misión de sanar un mundo quebrado fue tu plan. Jesús dio su vida, no se la arrebataron. En su muerte en la cruz, la muerte misma fue derrotada. El poder del pecado fue trastocado. Las intenciones del maligno fueron desbaratadas.

Estos días necesitamos meditar en este gran acto salvífico.

Por favor enfoca nuestra atención.

Líbranos de nuestros intereses triviales.

Protégenos de distracciones.

Anímanos ante la faz de los peligros.

Reduce nuestro hablar e incrementa nuestro escuchar.

Cautiva nuestra mente.

Domestica nuestro corazón.
Incrementa nuestro anhelo de conocerte.

Porque queremos «conocer a Cristo, experimentar el poder que se manifestó en su resurrección, participar en sus sufrimientos y llegar a ser semejante a él en su muerte. Así espero alcanzar la resurrección de entre los muertos».[36]

En nombre de Cristo. Amén.

---

36 Filipenses 3.10-11

Por la Pascua, el día de Resurrección

Todopoderoso Dios:

En este día nos regocijamos en la gloria de la resurrección.

La tumba está vacía.

La muerte no pudo retener al Señor Jesús. Su cuerpo no vio corrupción. Sus enemigos no vencieron. La tierra no pudo contenerlo.

Cobramos valentía por el poder de la resurrección.

Recibimos ánimo por la esperanza de la resurrección.

Tenemos iluminación por la verdad de la resurrección.

Por eso, ayúdanos, querido Dios, a tener una expectativa cotidiana de que encontraremos al Señor Jesús viviente donde fuera que vivamos.

Ayúdanos a vivir en sumisión.

Y danos el poder para llevar este mensaje de resurrección a cada rincón oscuro y desesperado de este mundo.

En el nombre del Señor Jesús resucitado.
Amén.

—Parte 8—

ORACIONES DE LA ESCRITURA

Oración primordial: El Padrenuestro

Padre nuestro que estás en el cielo,
santificado sea tu nombre,
venga tu reino,
hágase tu voluntad
en la tierra como en el cielo.
Danos hoy nuestro pan cotidiano.
Perdónanos nuestras deudas,
como también nosotros hemos perdonado a nuestros deudores.
Y no nos dejes caer en tentación,
sino líbranos del maligno.

Mateo 6.9-13

Oración por la vida abundante

Esto es lo que pido en oración: que el amor de ustedes abunde cada vez más en conocimiento y en buen juicio, para que disciernan lo que es mejor, y sean puros e irreprochables para el día de Cristo, llenos del fruto de justicia que se produce por medio de Jesucristo, para gloria y alabanza de Dios. Filipenses 1.9-11

Anhelo de Dios

Oh Dios, tú eres mi Dios;
   yo te busco intensamente.
Mi alma tiene sed de ti;
   todo mi ser te anhela,
   cual tierra seca, extenuada y sedienta.
Te he visto en el santuario
   y he contemplado tu poder y tu gloria.
Tu amor es mejor que la vida;
   por eso mis labios te alabarán.
Te bendeciré mientras viva,
   y alzando mis manos te invocaré.
Mi alma quedará satisfecha
   como de un suculento banquete,
y con labios jubilosos
   te alabará mi boca.

Salmo 63.1-5

Oración de confesión

Ten compasión de mí, oh Dios,
  conforme a tu gran amor;
conforme a tu inmensa bondad,
  borra mis transgresiones.
Lávame de toda mi maldad
  y límpiame de mi pecado.
Yo reconozco mis transgresiones;
  siempre tengo presente mi pecado.
Purifícame con hisopo, y quedaré limpio;
  lávame, y quedaré más blanco que la nieve.
Anúnciame gozo y alegría;
  infunde gozo en estos huesos que has quebrantado.
Aparta tu rostro de mis pecados
  y borra toda mi maldad.
Crea en mí, oh Dios, un corazón limpio,
  y renueva la firmeza de mi espíritu.
No me alejes de tu presencia
  ni me quites tu santo Espíritu.
Devuélveme la alegría de tu salvación;
  que un espíritu obediente me sostenga.

Salmo 51.1-3, 7-12

Oración por fortaleza, amor y plenitud de Dios

Por esta razón me arrodillo delante del Padre, de quien recibe nombre toda familia en el cielo y en la tierra. Le pido que, por medio del Espíritu y con el poder que procede de sus gloriosas riquezas, los fortalezca a ustedes en lo íntimo de su ser, para que por fe Cristo habite en sus corazones. Y pido que, arraigados y cimentados en amor, puedan comprender, junto con todos los santos, cuán ancho y largo, alto y profundo es el amor de Cristo; en fin, que conozcan ese amor que sobrepasa nuestro conocimiento, para que sean llenos de la plenitud de Dios..

Al que puede hacer muchísimo más que todo lo que podamos imaginarnos o pedir, por el poder que obra eficazmente en nosotros, ¡a él sea la gloria en la iglesia y en Cristo Jesús por todas las generaciones, por los siglos de los siglos! Amén.

Efesios 3.14-21

—Parte 9—

ORACIONES DE UNA FRASE

Algunas de las oraciones más poderosas se verbalizan en una sola frase. «¡Oh Dios, ten compasión de mí, que soy pecador!» (Lucas 18.13). Jesús dijo que un despreciado recaudador de impuestos, al hacer esta oración, volvió a su casa justificado, en contraste con un fariseo que usó palabras elevadas y sonoras (y autosuficientes) en su oración. Pero la oración no es para montar un espectáculo.

Es bueno tener algunas oraciones de una frase que hayamos memorizado de modo que a lo largo del día oremos con facilidad, rapidez y en respuesta a las circunstancias cambiantes. He aquí algunas oraciones sugeridas. Puede que quieras escoger diez de ellas para memorizar.

Oraciones de una frase por circunstancias cotidianas

• Gracias por este nuevo día y un nuevo comienzo.

• Al recostarme para dormir, permite que descanse en el conocimiento de tu bondad y tu amor.

- Concédeme paciencia, querido Señor.

- Protege a mis hijos hoy, Señor, y que puedan verte en cada decisión que tomen.

- Tus bendiciones son abundantes, amado Señor, y por eso te agradecemos estos alimentos.

- Ayúdame a perdonar, querido Dios, así como me has perdonado a mí.

- Me someto a ti, Señor misericordioso.

- Ayúdame a ser paciente con otras personas hoy, querido Dios.

- Al leer ahora tu Palabra, amado Dios, abre mis ojos a lo profundo de tu verdad.

Oraciones de una frase por ayuda especial

- Mi corazón está quebrantado en este momento, oh Dios.

• Dame sabiduría, Dios, para esta decisión importante.

• Ayúdame a sostenerme.

• Tengo temor hoy, oh Dios. Necesito tu paz.

• Ayúdame a tomar la decisión que te honre.

Oraciones de una frase de alabanza y gratitud

• Gracias, Señor, por la belleza de tu creación.

• Te alabo, Dios, sin importar lo que este día me depare.

• Gracias por salvarme, Señor Dios.

• Te alabo, oh Dios, porque tu bondad nunca cambia.

• Prepara mi corazón para adorarte ahora, oh Dios, en espíritu y en verdad.

Oraciones de una frase por quienes se encuentran en necesidad

• Por favor sana a esta persona que necesita tu sanidad (mente, corazón y cuerpo).

• Ayúdame a ver a esta persona como tú la ves.

• Dame compasión por los pobres, querido Dios.

Oraciones de una a tres palabras

• Rescátame.

• Yo confieso.

• Protégeme.

• Te agradezco.

• ¡Gloria a Dios!

• Ten misericordia.

- Perdóname.

- Te amo.

- Te alabo.

- Ayuda a _____.

- Protege a mis hijos.

Mi propia oración:

¿Soñaste alguna vez con entender mejor la Biblia?

Casi todos lo hacemos. Creyentes maduros y nuevos creyentes. Jóvenes y ancianos. Aquellos que hemos leído la Biblia durante años y quienes apenas comienzan la aventura.

Cómo entender la Biblia, una guía sencilla, te ayudará a adquirir una perspectiva general del flujo y el significado de la Escritura. El libro aborda cuestiones como: ¿Cuál es el panorama general de la Biblia? ¿Qué traducción bíblica debería usar? ¿Cómo deberíamos entender las historias del Antiguo Testamento? ¿Cómo deberíamos interpretar aquello que los profetas tenían para decir? ¿Cómo deberíamos entender las enseñanzas de Jesús? ¿Qué enseñó Jesús mediante las parábolas? ¿Cómo podemos oír la voz de Dios en la Escritura? ¿Cuáles son las formas adecuadas de aplicar la Escritura a la vida actual? Disponible en Amazon.com

Más recursos en:
www.PrayersForOurLives.org

1. Oraciones para imprimir
Se trata de archivos en PDF que pueden descargarse, imprimirse y colocar donde uno desee. Busca el enlace a «impresión de oraciones» en www.PrayersForOurLives.org. Cuando se solicite, ingresar la siguiente contraseña: 7373

2. Recursos para iglesias
Insertos para boletines, guías pastorales, etc.

Y mucho más.

www.ingramcontent.com/pod-product-compliance
Lightning Source LLC
Chambersburg PA
CBHW031340040426
42443CB00006B/405